Impressum
Verlag: BABADADA GmbH, Nedderfeld 112 , 22529 Hamburg
Geschäftsführer / Verlagsleitung: Harald Hof
Druck: Books on Demand GmbH, In de Tarpen 42, 22848 Norderstedt

Imprint
Publisher: BABADADA GmbH, Nedderfeld 112 , 22529 Hamburg, Germany
Managing Director / Publishing direction: Harald Hof
Print: Books on Demand GmbH, In de Tarpen 42, 22848 Norderstedt

l'école

skool

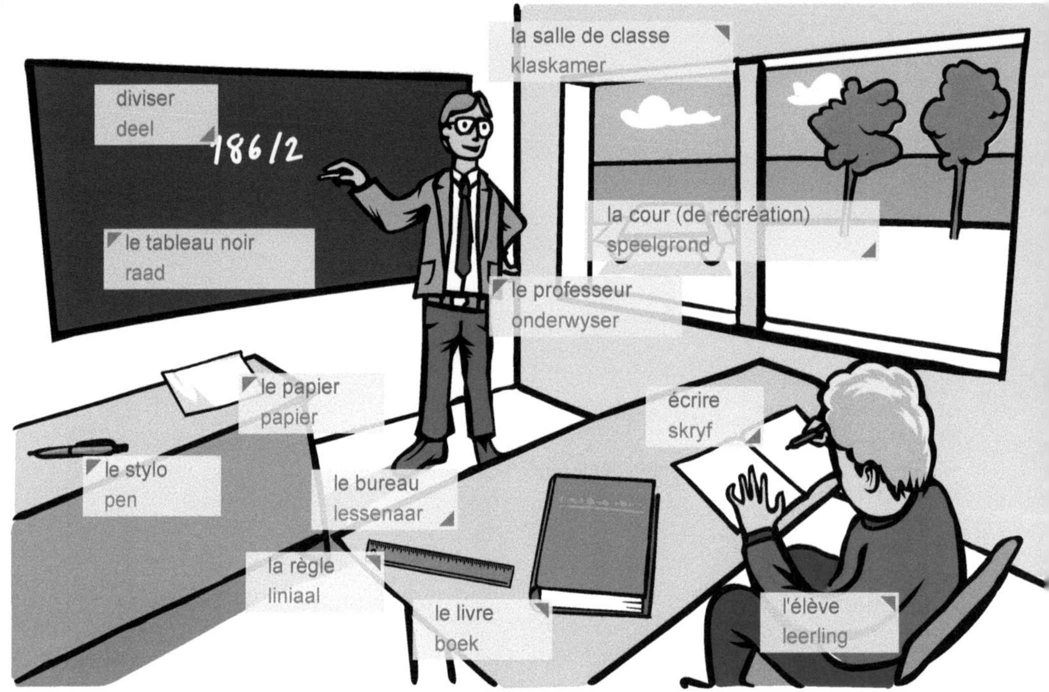

la salle de classe
klaskamer
diviser
deel
186/2
le tableau noir
raad
la cour (de récréation)
speelgrond
le professeur
onderwyser
le papier
papier
écrire
skryf
le stylo
pen
le bureau
lessenaar
la règle
liniaal
le livre
boek
l'élève
leerling

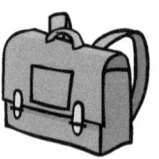

le cartable

skooltas

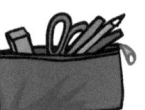

la trousse

potloodhouer

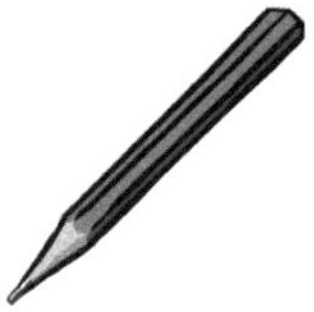

le crayon

potlood

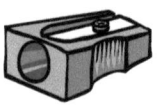

le taille-crayon

skerpmaker

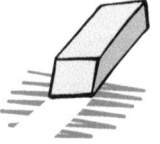

la gomme

rubber

le carnet à dessin

tekenblok

le dessin
....
tekening

le pinceau
....
verfkwas

la boîte de peinture
....
verfoppervlak

les ciseaux
....
skêr

la colle
....
gom

le cahier d'exercices
....
oefenboek

les devoirs
....
huiswerk

le chiffre
....
aantal

2+2

additionner
....
optel

soustraire
....
aftrek

multiplier
....
maal

calculer
....
bereken

la lettre
....
brief

l'alphabet
....
alaphabet

le mot
....
woord

le texte

teks

lire

lees

la craie

kryt

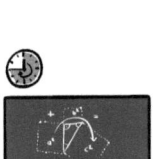

la leçon

les

le livre de classe

registreer

l'examen

eksamen

le certificat

sertifikaat

l'uniforme scolaire

skooluniform

la formation

onderwys

le lexique

ensiklopedie

l'université

universiteit

le microscope

mikroskoop

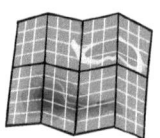

la carte

kaart

la corbeille à papier

vullisdrom

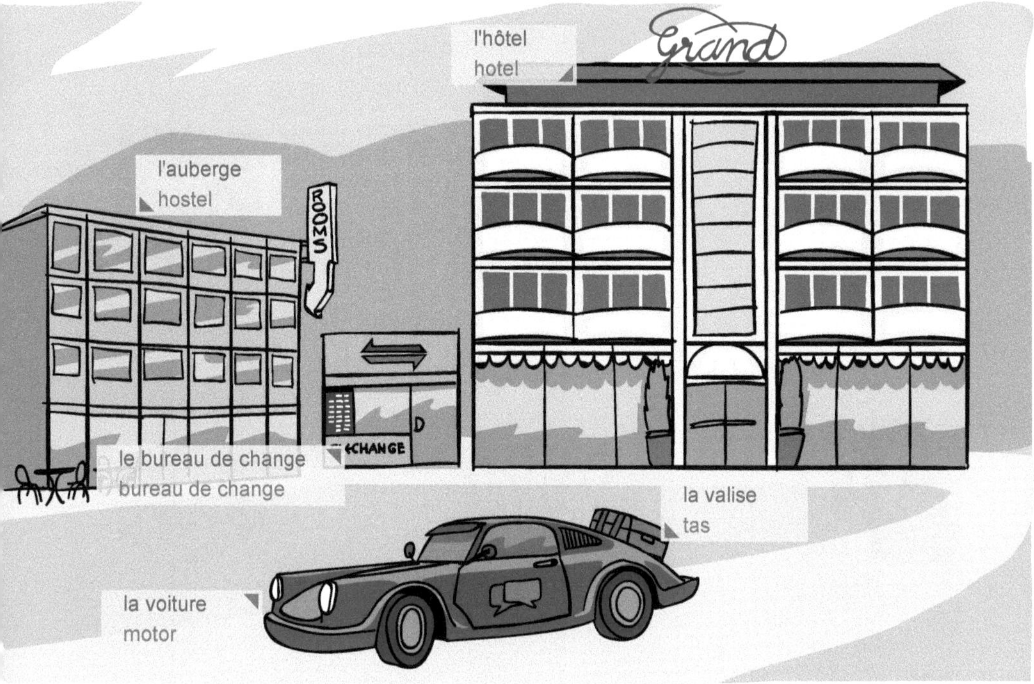

l'hôtel
hotel
Grand
l'auberge
hostel
ROOMS
le bureau de change
bureau de change
CHANGE
la valise
tas
la voiture
motor

la langue
taal

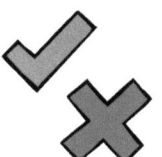

oui / non
ja / nee

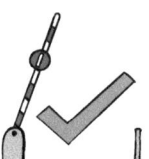

d'accord
Goed

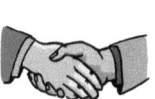

Salut
hallo

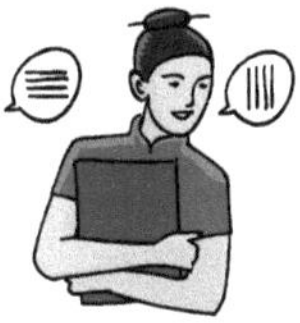

l'interprète
vertaler

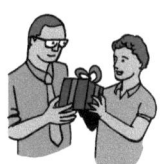

merci
Dankie

Combien coûte...?

hoeveel is...?

Je ne comprends pas

Ek verstaan nie

le problème

probleem

Bonsoir !

Goeie naand!

Bonjour !

Goeie môre!

Bonne nuit !

Goeie nag!

Au revoir

totsiens

la direction

rigting

les bagages

bagasie

le sac

sak

le sac-à-dos

rugsak

l'hôte

gas

la pièce

kamer

le sac de couchage

slaapsak

la tente

tent

le voyage - reis

l'office de tourisme

toeriste-inligting

la plage

strand

la carte de crédit

kredietkaart

le petit-déjeuner

ontbyt

le déjeuner

middagete

le dîner

aandete

le billet

kaartjie

l'ascenseur

hysbak

le timbre

posseël

la frontière

grens

la douane

doeane

l'ambassade

ambassade

le visa

visum

le passeport

paspoort

le transport

vervoer

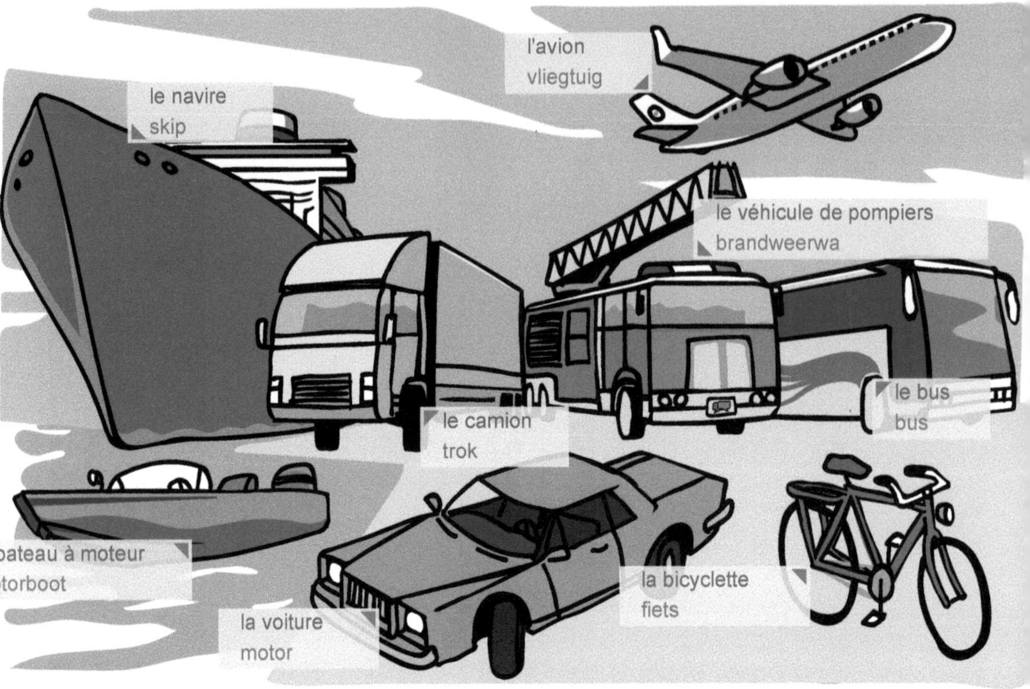

l'avion
vliegtuig
le navire
skip
le véhicule de pompiers
brandweerwa
le bus
bus
le camion
trok
bateau à moteur
otorboot
la bicyclette
fiets
la voiture
motor

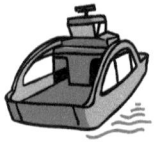

le ferry

veerboot

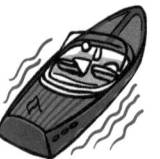

la barque

boot

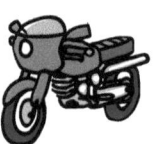

la moto

motorfiets

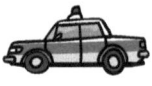

la voiture de police

polisiemotor

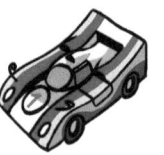

la voiture de course

renmotor

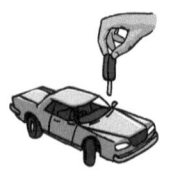

la voiture de location

huurmotor

l'auto-partage

car-sharing

la voiture de remorquage

insleepvoertuig

la benne à ordures

vullisverwydering

le moteur

enjin

l'essence

brandstof

la station d'essence

vulstasie

le panneau indicateur

verkeersteken

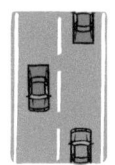

le trafic

verkeer

l'embouteillage

verkeersknoop

le parking

parkeerplek

la gare

stasie

les rails

spore

le train

trein

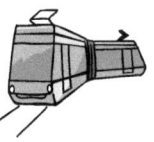

le tramway

tram

le wagon

wa

l'hélicoptère

helikopter

l'aéroport

lughawe

la tour

toring

le passager

passasier

le conteneur

houer

le carton

karton

le chariot

karretjie

la corbeille

mandjie

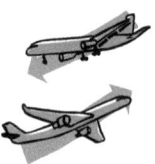

décoller / atterrir

opstyg / land

la ville

stad

le village

dorpie

le centre-ville

middestad

la maison

huis

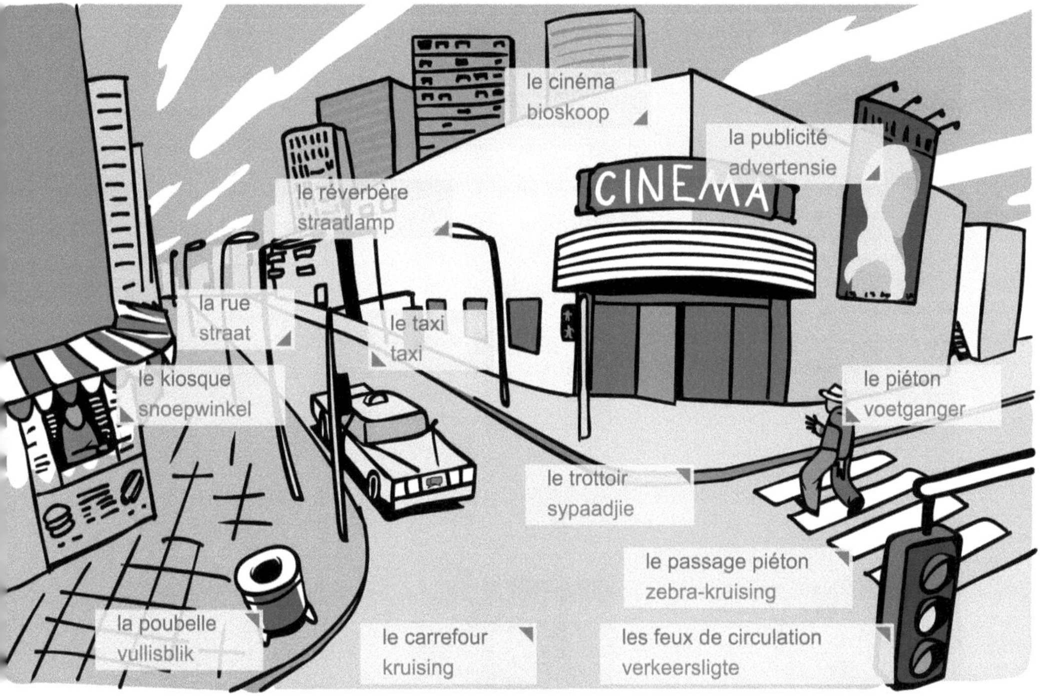

le cinéma
bioskoop

la publicité
advertensie

le réverbère
straatlamp

CINEMA

la rue
straat

le taxi
taxi

le piéton
voetganger

le kiosque
snoepwinkel

le trottoir
sypaadjie

le passage piéton
zebra-kruising

la poubelle
vullisblik

le carrefour
kruising

les feux de circulation
verkeersligte

la cabane
hut

l'appartement
woonstel

la gare
stasie

la mairie
stadsaal

le musée
museum

l'école
skool

l'université

universiteit

la banque

bank

l'hôpital

hospitaal

l'hôtel

hotel

la pharmacie

apteek

le bureau

kantoor

la librairie

boekwinkel

le magasin

winkel

le fleuriste

bloemis

le supermarché

supermark

le marché

mark

le grand magasin

handelshuis

la poissonnerie

viswinkel

le centre commercial

inkopiesentrum

le port

hawe

le parc

park

la banque

bankie

le pont

brug

les escaliers

trappe

le métro

moltrein

le tunnel

tonnel

l'arrêt de bus

bushalte

le bar

kroeg

le restaurant

restaurant

la boîte à lettres

posbus

le panneau indicateur

straatnaambord

le parcmètre

parkeermeter

le zoo

dieretuin

le réverbère

swembad

la mosquée

moskee

la ferme

plaas

la pollution

besoedeling

la cimetière

begraafplaas

l'église

kerk

l'aire de jeux

speelgrond

le temple

tempel

le paysage
landskap

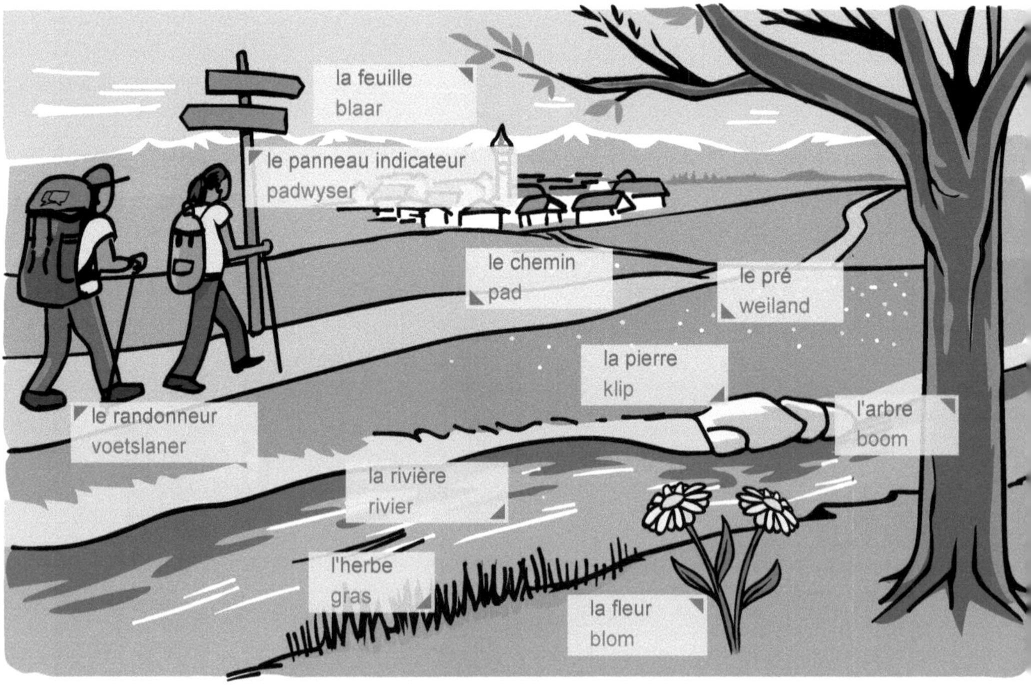

la feuille
blaar

le panneau indicateur
padwyser

le chemin
pad

le pré
weiland

la pierre
klip

l'arbre
boom

le randonneur
voetslaner

la rivière
rivier

l'herbe
gras

la fleur
blom

la vallée

vallei

la montagne

heuwel

le lac

meer

la forêt

bos

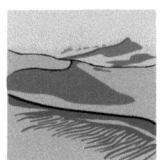

le désert

woestyn

le volcan

vulkaan

le château

kasteel

l'arc-en-ciel

reënboog

le champignon

sampioen

le palmier

palmboom

le moustique

muskiet

la mouche

vlieg

les fourmis

mier

l'abeille

by

l'araignée

spinnekop

le coléoptère

miskruier

la grenouille

padda

l'écureuil

eekhoring

le hérisson

krimpvarkie

le lièvre

haas

la chouette

uil

l'oiseau

voël

le cygne

swaan

le sanglier

wildevark

le cerf

takbok

l'élan

elk

le barrage

opgaardam

l'éolienne

windturbine

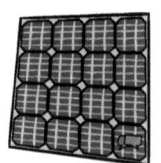

le panneau solaire

sonpaneel

le climat

klimaat

le restaurant

restaurant

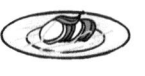

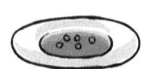

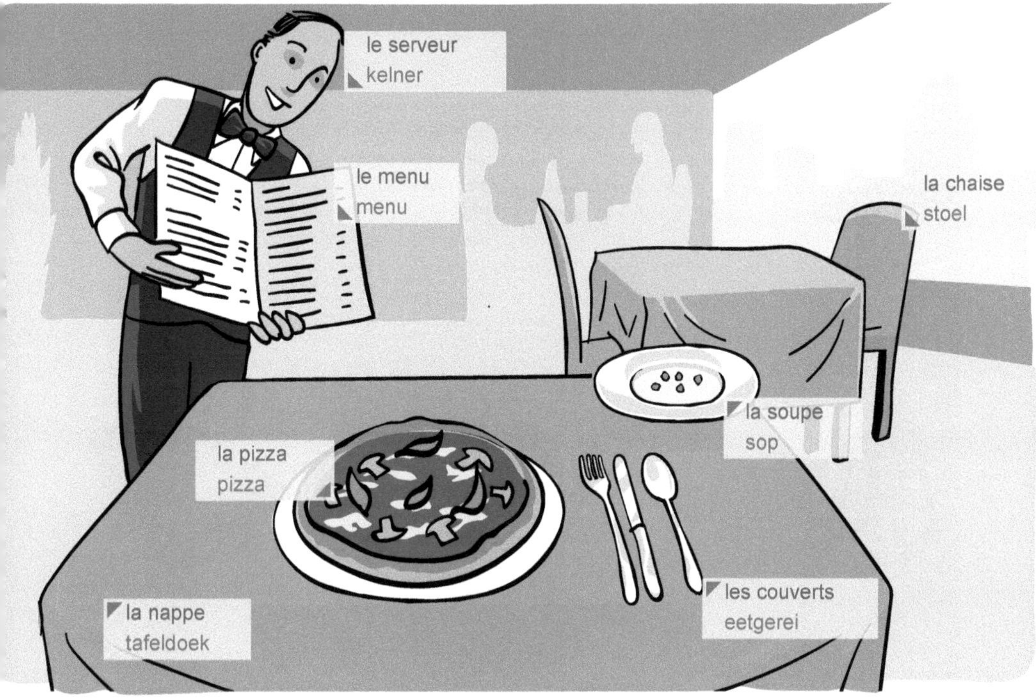

le serveur
kelner
le menu
menu
la chaise
stoel
la soupe
sop
la pizza
pizza
les couverts
eetgerei
la nappe
tafeldoek

les hors d'œuvre

voorgereg

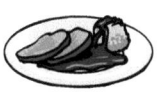

le plat principal

hoofgereg

le dessert

nagereg

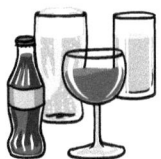

les boissons

drankies

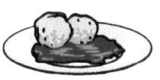

l'alimentation

kos

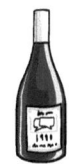

la bouteille

bottel

le fast-food

kitskos

les plats à emporter

straatkos

la théière

teepot

le sucrier

suikerverpakking

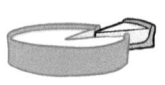

la portion

porsie

la machine à expresso

espresso masjien

la chaise haute

hoë stoel

la facture

rekening

le plateau

skinkbord

le couteau

mes

la fourchette

vurk

la cuillère

lepel

la cuillère à thé

teelepel

la serviette

servet

le verre

glas

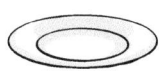

l'assiette
gereg

l'assiette à soupe
sopbakkie

la soucoupe
piering

la sauce
sous

la salière
soutpot

le moulin à poivre
pepermeul

le vinaigre
asyn

l'huile
olie

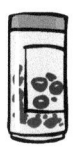

les épices
speserye

le ketchup
tamatiesous

la moutarde
mosterd

la mayonnaise
mayonaise

le supermarché
supermark

l'offre promotionnelle
spesiale aanbieding
FOR
le client
kliënt
les produits laitiers
suiwelprodukte
les fruits
vrugte
le chariot
trollie

BUTCHERS

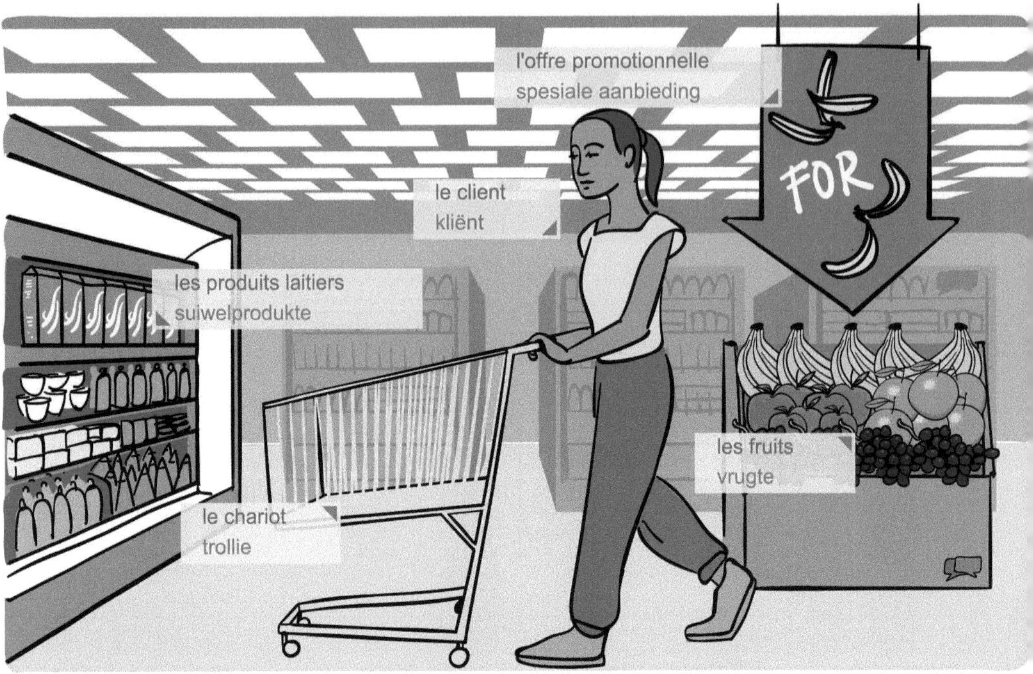

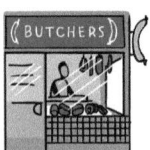

la boucherie

slaghuis

BAKERY

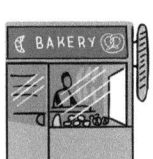

la boulangerie

bakkery

peser

weeg

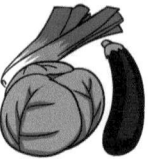

les légumes

groente

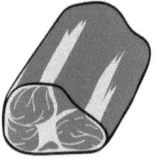

la viande

vleis

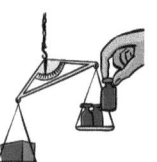

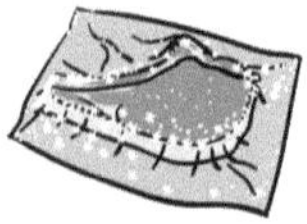

les aliments surgelés

bevrore voedsel

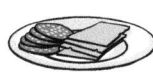

la charcuterie
kouevleis

les conserves
blikkieskos

la poudre à lessive
waspoeier

les bonbons
lekkers

les articles ménagers
huishoudelike produkte

les détergents
skoonmaakprodukte

la vendeuse
verkoopsvrou

la caisse
kasregister

le caissier
kassier

la liste d'achats
inkopielys

les heures d'ouverture
besigheidsure

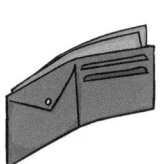

le portefeuille
beursie

la carte de crédit
kredietkaart

le sac
sak

le sac en plastique
plastieksak

l'eau

water

le jus de fruit

sap

le lait

melk

le coca

coke

le vin

wyn

la bière

bier

l'alcool

alkohol

le chocolat chaud

kakao

le thé

tee

le café

koffie

l'expresso

espresso

le cappuccino

cappuccino

la banane

piesang

la pomme

appel

l'orange

lemoen

le melon

waatlemoen

le citron.

suurlemoen

la carotte

wortel

l'ail

knoffel

le bambou

bamboes

l'oignon

ui

le champignon

sampioen

les noisettes

neute

les pâtes

noedels

les spaghetti

spaghetti

le riz

rys

la salade

slaai

les pommes frites

aartappelskyfies

les pommes de terre rôties

gebraaide aartappels

la pizza

pizza

le hamburger

hamburger

le sandwich

toebroodjie

l'escalope

kotelet

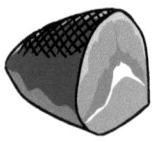

le jambon

ham

le salami

salami

la saucisse

wors

le poulet

hoender

le rôti

braaivleis

le poisson

vis

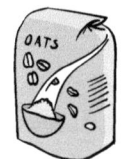

les flocons d'avoine

hawermoutflokkies

le muesli

muesli

les cornflakes

graanvlokkies

la farine

meel

le croissant

croissant

les petits-pains

broodrolletjie

le pain

brood

le pain grillé

roosterbrood

les biscuits

koekies

le beurre

botter

le fromage blanc

dikmelk

le gâteau

koek

l'œuf

eier

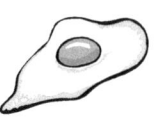

l'œuf au plat

gebraaide eier

le fromage

kaas

la glace

roomys

le sucre

suiker

le miel

heuning

la confiture

konfyt

la crème nougat

nougat-smeer

le curry

kerrie

la ferme

plaas

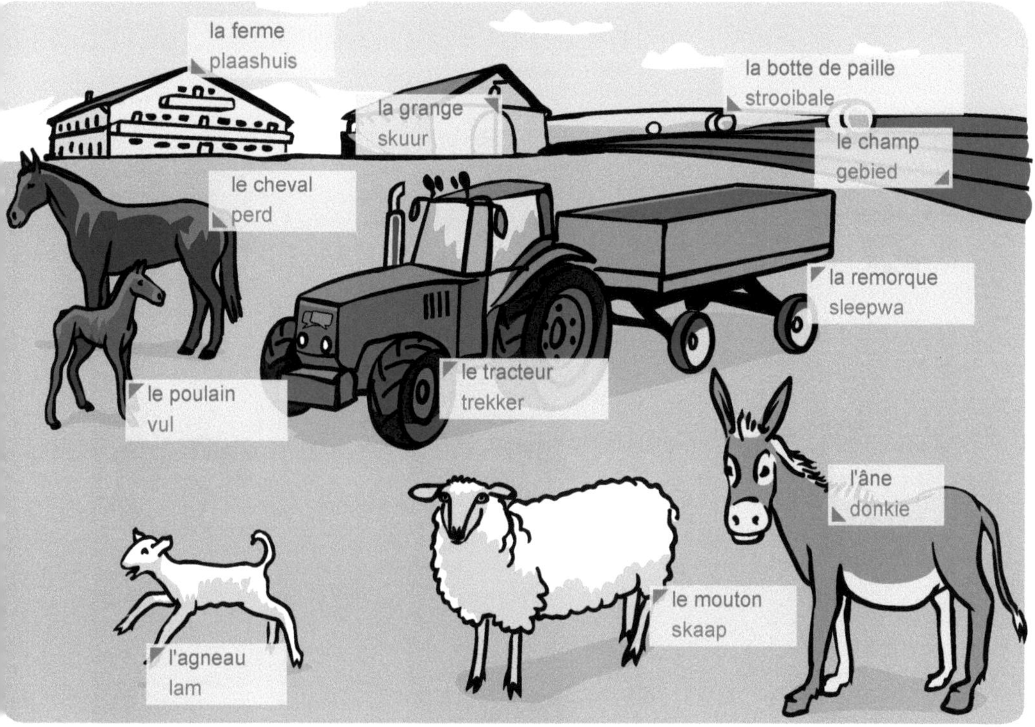
la ferme
plaashuis
la grange
skuur
la botte de paille
strooibale
le champ
gebied
le cheval
perd
la remorque
sleepwa
le tracteur
trekker
le poulain
vul
l'âne
donkie
le mouton
skaap
l'agneau
lam

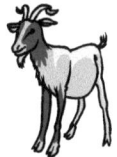

la chèvre

bok

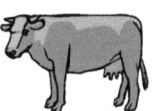

la vache

koei

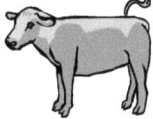

le veau

kalf

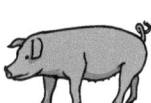

le porc

vark

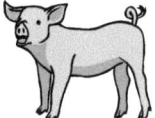

le porcelet

varkie

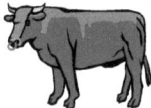

le taureau

bul

l'oie

gans

le canard

eend

le poussin

kuiken

la poule

hen

le coq

haan

le rat

rot

le chat

kat

la souris

muis

le bœuf

os

le chien

hond

le chenil

hondehok

le tuyau de jardin

tuinslang

l'arrosoir

gieter

la faucheuse

sens

la charrue

ploeg

la faucille
sekel

la pioche
skoffel

la fourche
gaffel

la hache
byl

la brouette
kruiwa

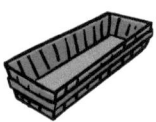

la cuve
trog

le pot à lait
melkkan

le sac
sak

la clôture
heining

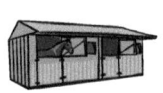

l'étable
stal

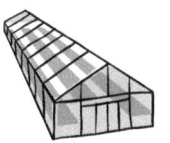

le serre
kweekhuis

le sol
grond

les semences
saad

l'engrais
kunsmis

la moissonneuse-batteuse
stroper

récolter

oes

la récolte

oes

l'igname

yam

le blé

koring

le soja

soja

la pomme de terre

aartappel

le maïs

koring

le colza

raapsaad

l'arbre fruitier

vrugteboom

le manioc

broodwortel

les céréales

graan

la maison
huis

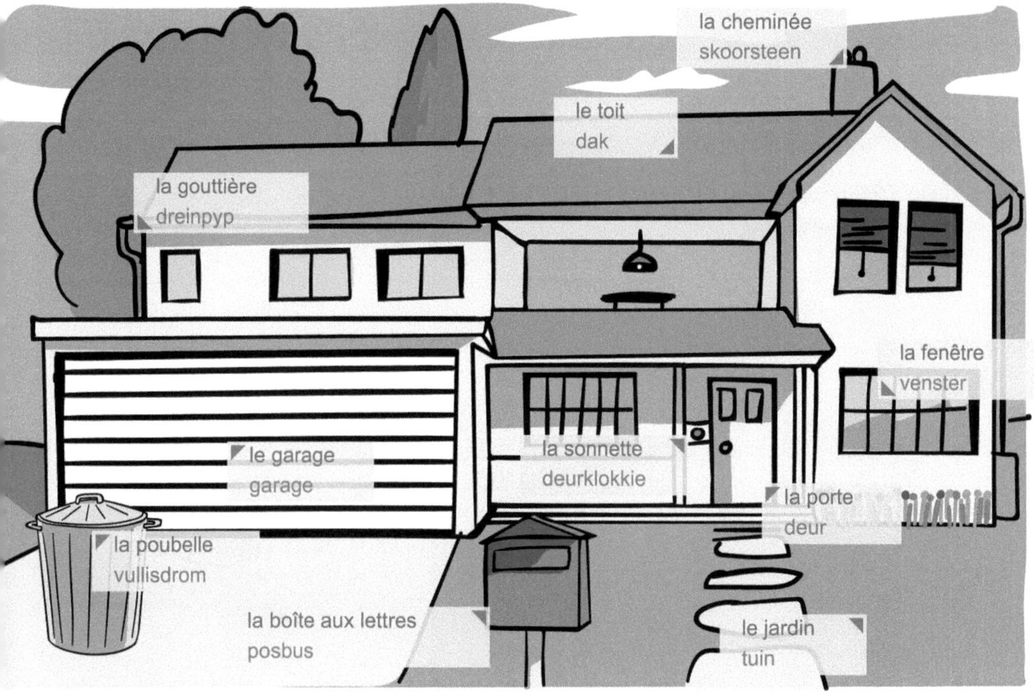

la cheminée
skoorsteen
le toit
dak
la gouttière
dreinpyp
la fenêtre
venster
le garage
garage
la sonnette
deurklokkie
la porte
deur
la poubelle
vullisdrom
la boîte aux lettres
posbus
le jardin
tuin

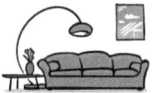

le salon
woonkamer

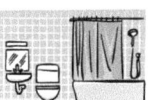

la salle de bain
badkamer

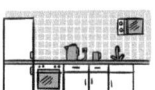

la cuisine
kombuis

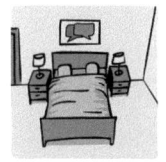

la chambre à coucher
slaapkamer

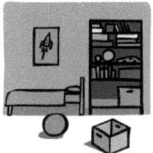

la chambre d'enfant
kinderkamer

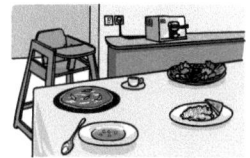

la salle à manger
eetkamer

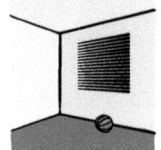

le sol

vloer

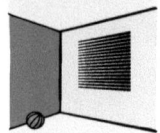

le mur

muur

le plafond

plafon

la cave

kelder

le sauna

sauna

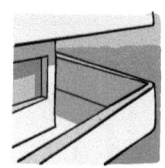

le balcon

balkon

la terrasse

terras

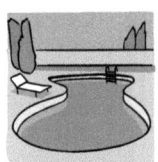

la piscine

swembad

la tondeuse à gazon

grassnyer

la housse

beddegoedoortreksel

la couette

deken

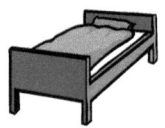

le lit

bed

le balai

besem

le sceau

emmer

l'interrupteur

skakelaar

le salon
woonkamer

le papier peint
muurpapier
l'image
prentjie
la lampe
lamp
l'étagère
rak
l'armoire
kas
la télé
televisie
la cheminée
kaggel
la fleur
blom
le coussin
kussing
le sofa
rusbank
le vase
vaas
la télécommande
afstandbeheer

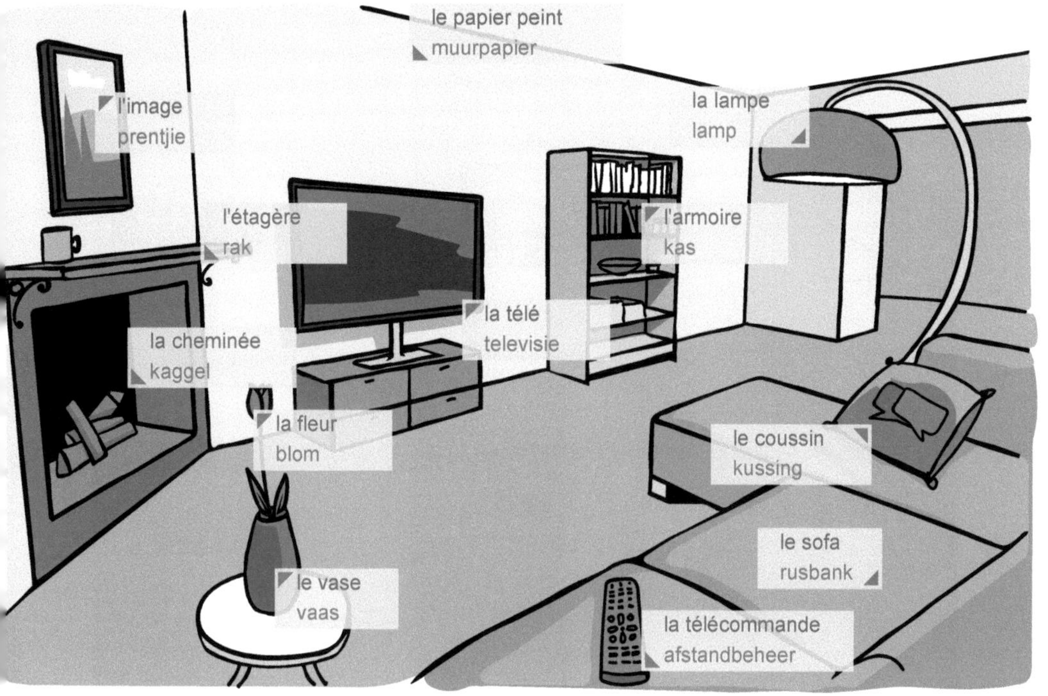

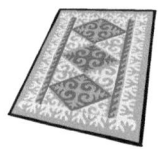

le tapis

mat

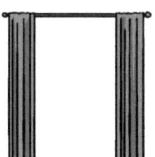

le rideau

gordyn

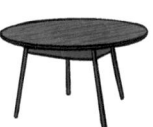

la table

tafel

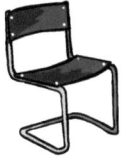

la chaise

stoel

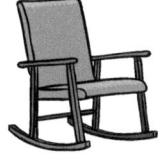

la chaise à bascule

wiegstoel

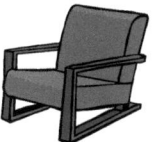

le fauteuil

leunstoel

le livre

boek

la couverture

kombers

la décoration

versiering

le bois de chauffage

vuurmaakhout

le film

film

la chaîne hi-fi

hoëtroustel

la clé

sleutel

le journal

koerant

la peinture

skildery

le poster

plakkaat

la radio

radio

le bloc-notes

notaboekie

l'aspirateur

stofsuier

le cactus

kaktus

la bougie

kers

la cuisine
kombuis

le réfrigérateur
yskas
le four à micro-ondes
mikrogolfoond
la balance de cuisine
kombuis skaal
le grille-pain
broodrooster
le détergent
skoonmaakmiddel
le four
oond
le compartiment congélateur
vrieshokkie
la poubelle
vullisdrom
le lave-vaisselle
skottelgoedwasser

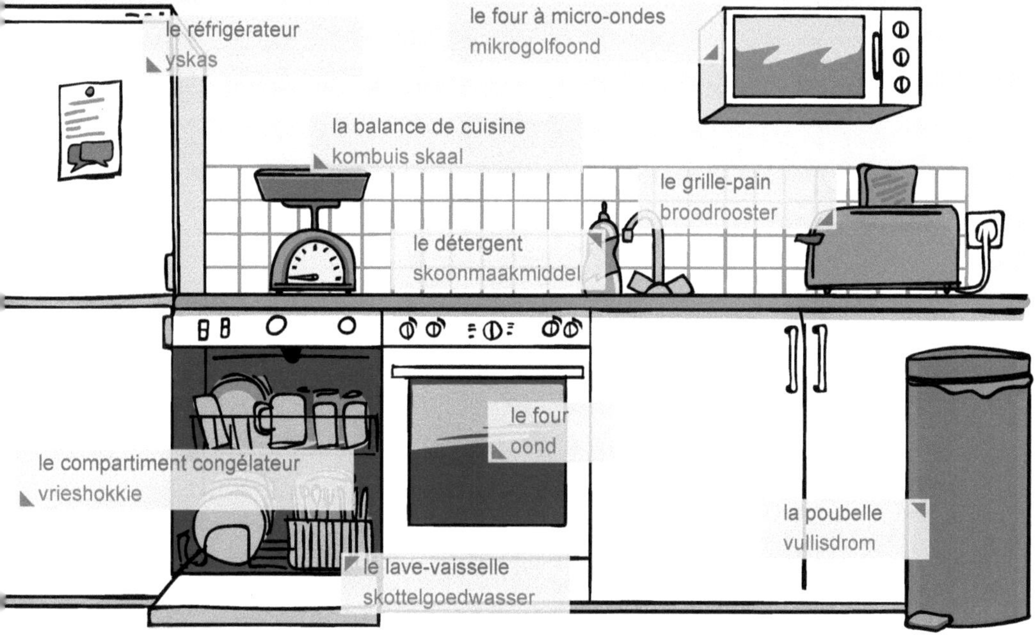

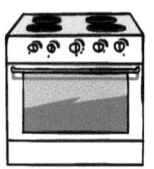

le four
....
drukkoker

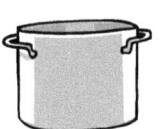

la casserole
....
pot

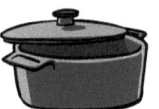

la marmite
....
ysterpot

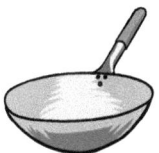

le wok / kadai
....
wok / kadai

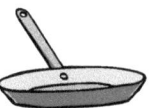

la poêle
....
pan

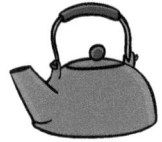

la bouilloire electrique
....
ketel

le cuiseur vapeur

stoomkoker

la plaque de cuisson

bakplaat

la vaisselle

breekware

le gobelet

beker

la coupe

bak

les baguettes

eetstokkie

la louche

skeplepel

la spatule

spatel

le fouet

klitser

la passoire

sif

le tamis

sif

la râpe

rasper

le mortier

vysel

le barbecue

braai

la cheminée

oop vuur

la planche à découper

broodplank

le rouleau à pâtisserie

koekroller

le tire-bouchon

kurktrekker

la boîte

kan

l'ouvre-boîte

blikoopmaker

les maniques

vatlap

le lavabo

opwasbak

la brosse

borsel

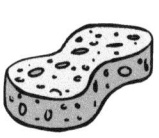

l'éponge

spons

le mixeur

menger

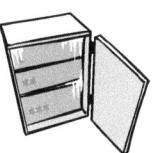

le congélateur

vrieskas

le biberon

bababottel

le robinet

kraan

la cuisine - kombuis

la salle de bain
badkamer

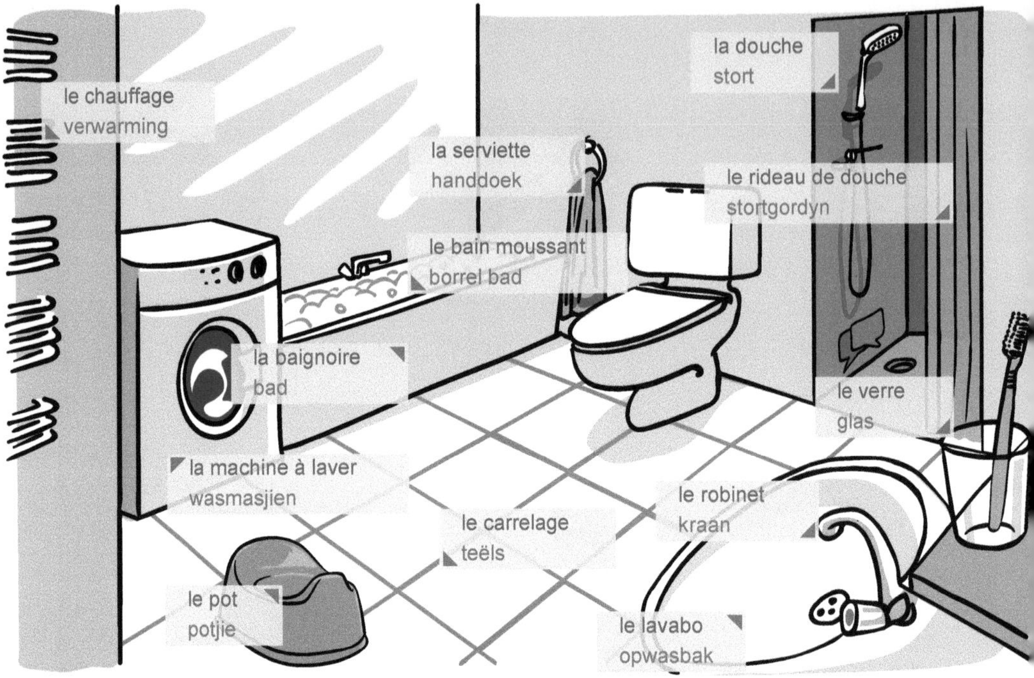
le chauffage
verwarming
la serviette
handdoek
la douche
stort
le rideau de douche
stortgordyn
le bain moussant
borrel bad
la baignoire
bad
le verre
glas
la machine à laver
wasmasjien
le robinet
kraan
le carrelage
teëls
le pot
potjie
le lavabo
opwasbak

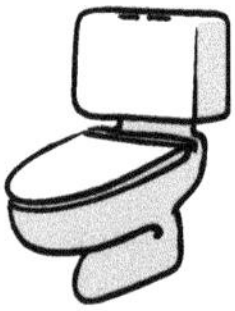

les toilettes

toilet

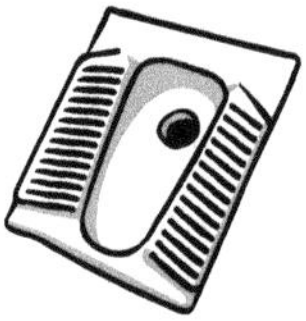

la toilette à la turque

hurktoilet

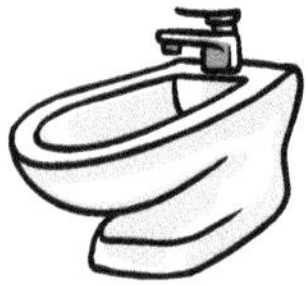

le bidet

bidet

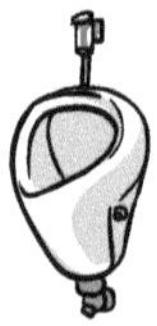

l'urinoir

urinaal

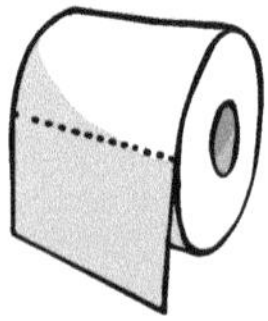

le papier toilette

toiletpapier

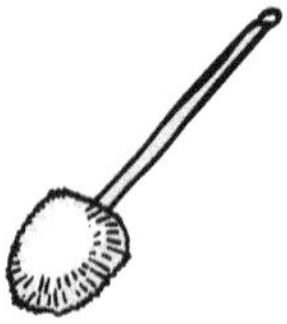

la brosse à toilette

toiletborsel

la brosse à dents

tandeborsel

le dentifrice

tandepasta

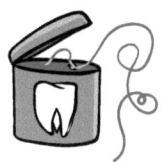

le fil dentaire

tande vlos

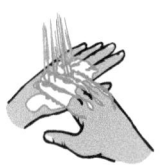

laver

was

la douche manuelle

handstort

la douche intime

stort

la vasque

wasbak

la brosse dorsale

rugkantborsel

le savon

seep

le gel douche

stortgel

le shampooing

sjampoe

le gant de toilette

flanel

l'écoulement

drein

la crème

room

le déodorant

reukweerder

le miroir

spieël

le miroir cosmétique

spieëltjie

le rasoir

skeermes

la mousse à raser

skeerroom

l'après-rasage

naskeermiddel

la peigne

kam

la brosse

borsel

le sèche-cheveux

haardroër

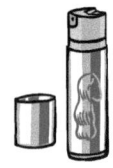

la laque pour cheveux

haarsproei

le fond de teint

grimmering

le rouge à lèvres

lipstifie

le vernis à ongles

naellak

l'ouate

watte

le coupe-ongles

naelknipper

le parfum

parfuum

la trousse de toilette

toiletsakkie

le tabouret

stoel

le pèse-personne

skaal

le peignoir

badjas

les gants de nettoyage

rubberhandskoene

le tampon

tampon

les serviettes hygiéniques

sanitêre handdoek

la toilette chimique

chemiese toilet

la chambre d'enfant
kinderkamer

le réveil
wekker
le doudou
snoesige speelding
la voiture jouet
speelgoedkarretjie
le hochet
ratel
la maison de poupée
pophuis
le cadeau
geskenk

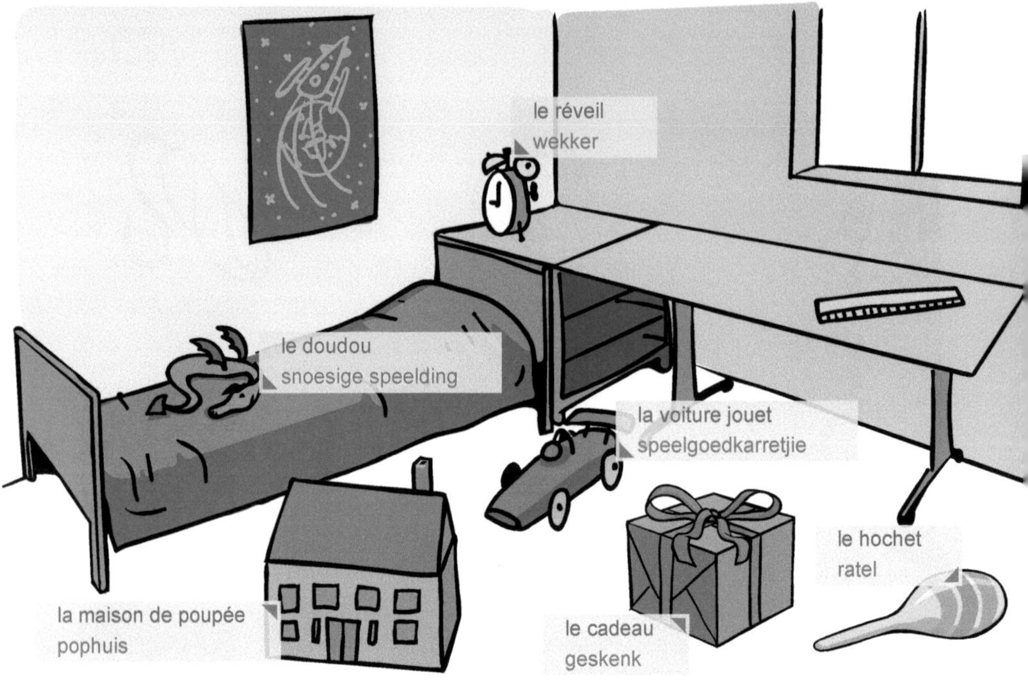

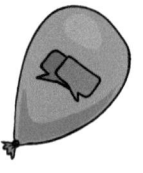

le ballon

ballon

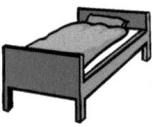

le lit

bed

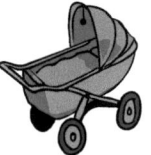

la poussette

stootwaentjie

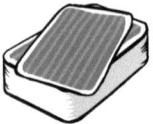

le jeu de cartes

kaartespel

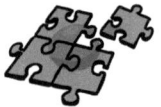

le puzzle

legkaart

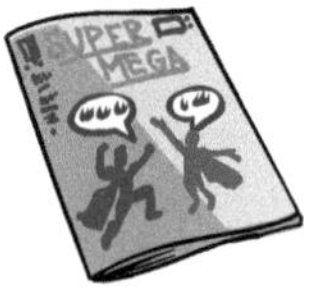

la bande dessinée

tekenprent

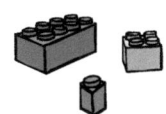

les pièces lego

lego-blokkies

les blocs de construction

speelgoedblokke

la figurine

animasieheld

la grenouillère

groeipakkie

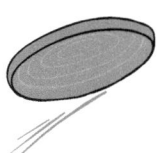

le frisbee

frisbee

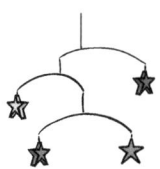

le mobile

mobile

le jeu de société

bordspeletjie

le dé

dobbelsteen

le train miniature

model trein stel

la sucette

fopspeen

la fête

partytjie

le livre d'images

prenteboek

la balle

bal

la poupée

pop

jouer

speel

le bac à sable

sandput

la balançoire

swaai

les jouets

speelgoed

la console de jeu

videospeletjie-konsole

le tricycle

driewiel

l'ours en peluche

teddiebeer

l'armoire

klerekas

les vêtements

klere

les chaussettes

sokkies

les bas

kouse

le collant

broekiekouse

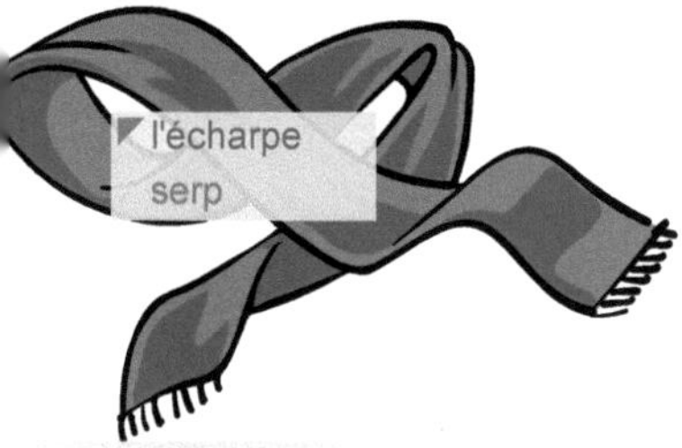

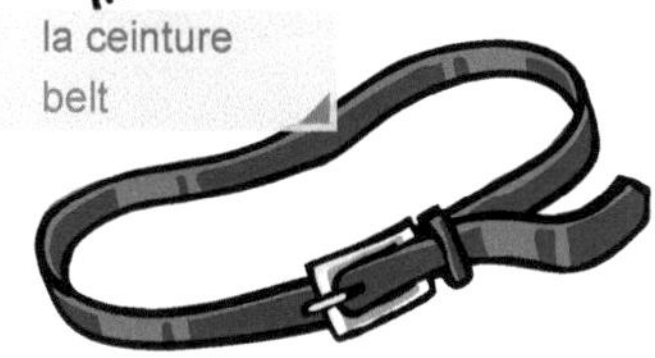

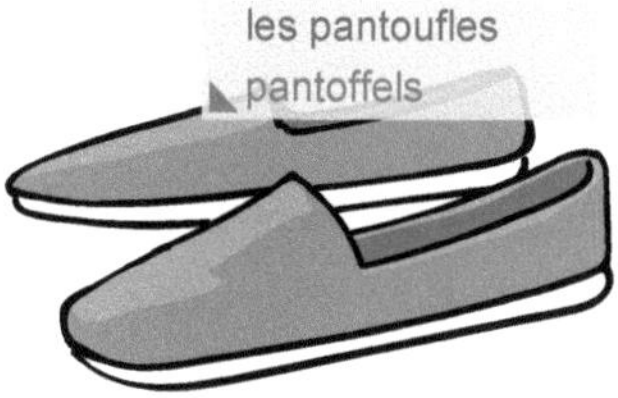

l'écharpe
serp

le parapluie
sambreel

la ceinture
belt

le t-shirt
t-hemp

les bottes
skoene

les pantoufles
pantoffels

les baskets
tekkies

les sandales
sandale

les chaussures
skoene

les bottes de caoutchouc
rubber stewels

les sous-vêtements
onderbroek

le soutien-gorge
bra

le maillot de corps
onderbaadjie

le body

liggaam

le pantalon

broek

le jean

jeans

la jupe

romp

le chemisier

bloes

la chemise

hemp

le pull

oortrektrui

le sweat à capuche

oortrektrui

la veste

baadjie

la veste

baadjie

le manteau

jas

l'imperméable

reënjas

le costume

kostuum

la robe

rok

la robe de mariée

trourok

le costume
pak

la chemise de nuit
nagrok

le pyjama
pajamas

le sari
sari

le foulard
kopdoek

le turban
tulband

la burqa
burqa

le caftan
kaftan

l'abaya
abaya

le maillot de bain
swembroek

le maillot de bain
swembroek

le short
kortbroek

la tenue d'entraînement
sweetpak

le tablier
voorskoot

les gants
handskoene

le bouton

knoppie

les lunettes

bril

le bracelet

armband

le collier

halssnoer

la bague

ring

la boucle d'oreille

oorbel

le bonnet

pet

le cintre

klerehanger

le chapeau

hoed

la cravate

das

la fermeture éclair

rits

le casque

helmet

les bretelles

draadjies

l'uniforme scolaire

skooluniform

l'uniforme

uniform

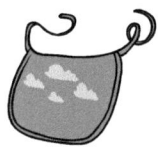

le bavoir

bib

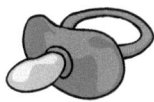

la sucette

fopspeen

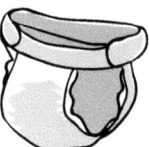

la lange

doek

le bureau
kantoor

le serveur
bediener
l'armoire d'archivage
liasseerkabinet
le papier
papier
l'imprimante
drukker
l'écran
skerm
la souris
muis
le bureau
lessenaar
le classeur
leêr
le clavier
sleutelbord
la corbeille à papier
vullisdrom
l'ordinateur
rekenaar
la chaise
stoel

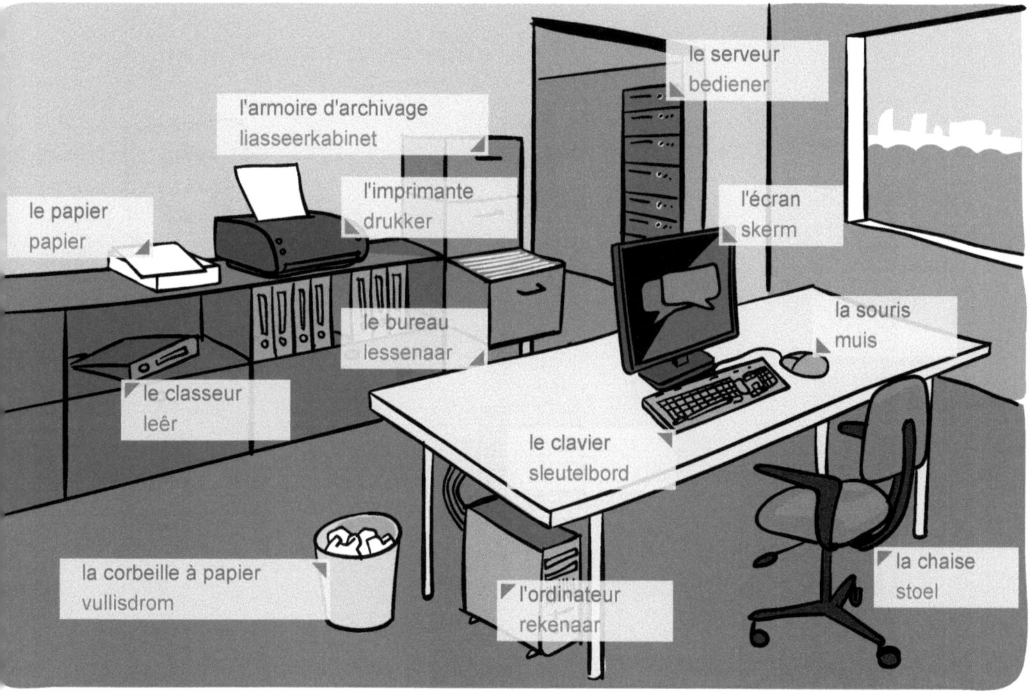

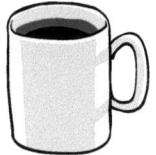

la tasse de café

koffiebeker

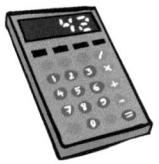

la calculatrice

sakrekenaar

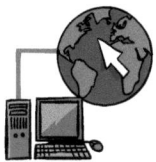

l'internet

internet

l'ordinateur portable

skootrekenaar

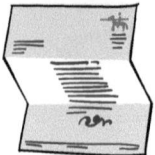

la lettre

brief

le message

boodskap

le portable

selfoon

le réseau

netwerk

la photocopieuse

fotostaatmasjien

le logiciel

sagteware

le téléphone

telefoon

la prise

muurprop

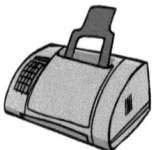

le fax

faksmasjien

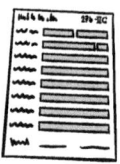

le formulaire

vorm

le document

dokument

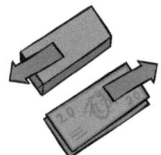

acheter

koop

payer

betaal

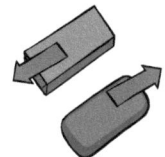

faire du commerce

besigheid doen

la monnaie

geld

 **USD**

le dollar

dollar

 **EUR**

l'euro

euro

 **JPY**

le yen

yen

 **RUB**

le rouble

roebel

 **CHF**

le franc suisse

switserse frank

 **CNY**

le renminbi yuan

renminbi yuan

 **INR**

la roupie

rupee

le distributeur automatique

kontantteller (ATM)

le bureau de change

bureau de change

l'or

goud

l'argent

silwer

le pétrole

olie

l'énergie

energie

le prix

prys

le contrat

kontrak

la taxe

belasting

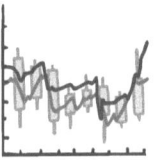

l'action

aandele

travailler

werk

l'employé

werknemer

l'employeur

werkgewer

l'usine

fabriek

le magasin

winkel

les professions
beroepe

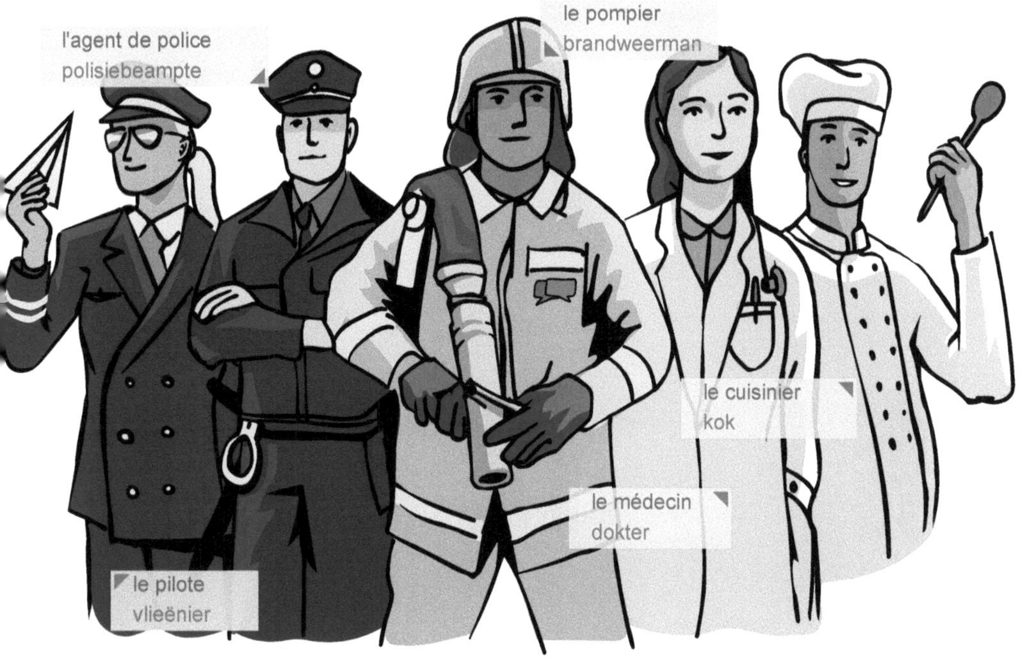

le pompier
brandweerman
l'agent de police
polisiebeampte
le cuisinier
kok
le médecin
dokter
le pilote
vlieënier

le jardinier
....
tuinier

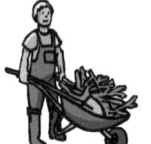

le menuisier
....
timmerman

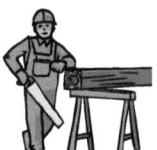

la couturière
....
naaldwerkster

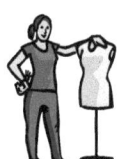

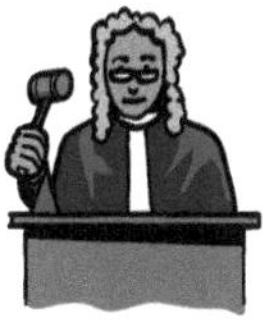

le juge
....
regter

le chimiste
....
chemikus

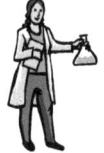

l'acteur
....
akteur

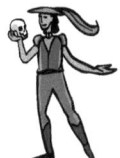

le conducteur de bus

busbestuurder

le chauffeur de taxi

taxibestuurder

le pêcheur

visserman

la femme de ménage

skoonmaakvrou

le couvreur

dakwerker

le serveur

kelner

le chasseur

jagter

le peintre

skilder

le boulanger

bakker

l'électricien

elektrisiën

l'ouvrier

bouer

l'ingénieur

ingenieur

le boucher

slagter

le plombier

loodgieter

le facteur

posman

le soldat

soldaat

l'architecte

argitek

le caissier

kassier

le fleuriste

bloemiste

le coiffeur

haarkapper

le contrôleur

kondukteur

le mécanicien

werktuigkundige

le capitaine

kaptein

le dentiste

tandarts

le scientifique

wetenskaplike

le rabbin

rabbi

l'imam

imam

le moine

monnik

le prêtre

predikant

les outils
gereedskap

le marteau
hammer
les pinces
tang
le tournevis
skroewedraaier
la clé
moersleutel
la torche
flitslig

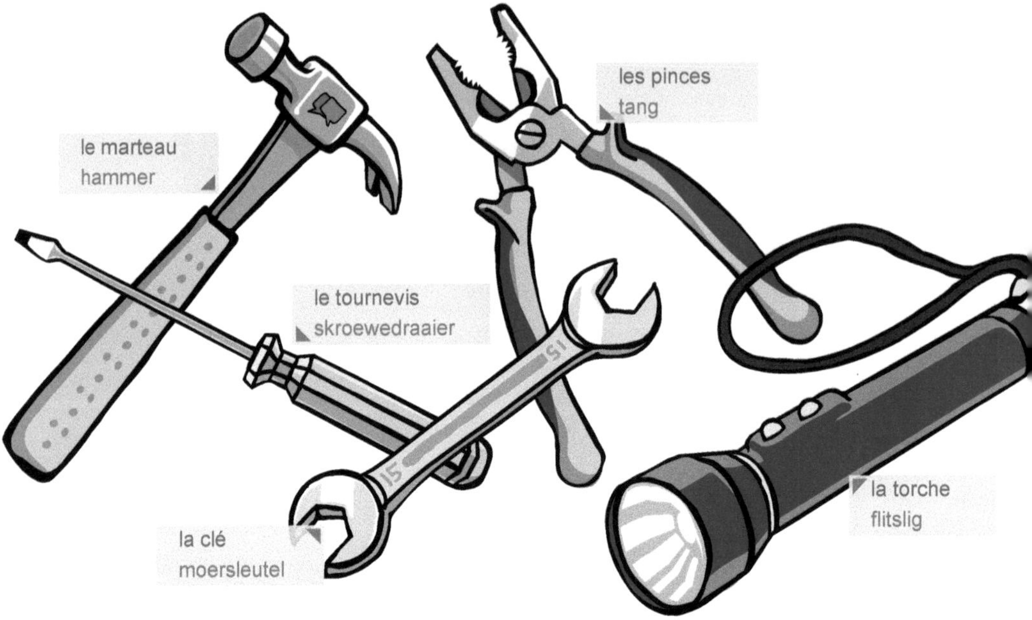

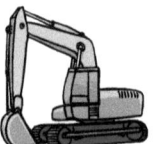

la pelleteuse

graaftoestel

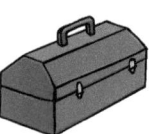

la boîte à outils

gereedskapskis

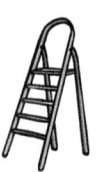

l'échelle

leer

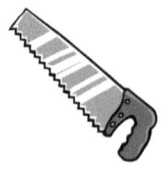

la scie

saag

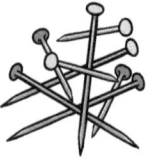

les clous

naels

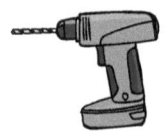

la perceuse

boor

réparer

regmaak

la pelle

graaf

Mince !

verdomp!

la pelle

skoppie

le pot de peinture

verfpot

les vis

skroewe

les instruments de musique
musiekinstrumente

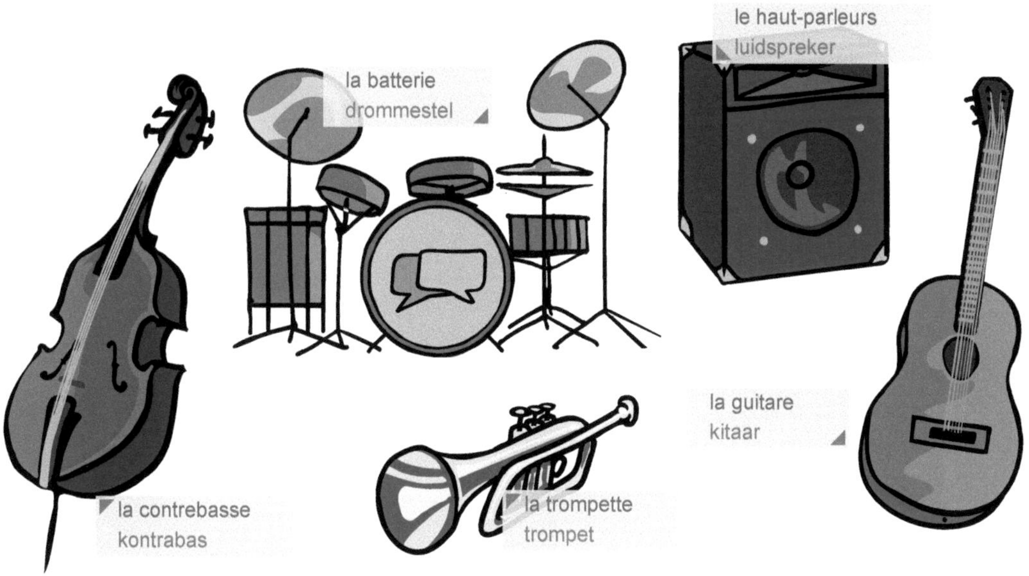

le haut-parleurs
luidspreker

la batterie
drommestel

la contrebasse
kontrabas

la trompette
trompet

la guitare
kitaar

le piano

klavier

le violon

viool

la basse

bas

les timbales

keteltrom

le tambour

dromme

le piano électrique

sleutelbord

le saxophone

saksofoon

la flûte

fluit

le microphone

mikrofoon

le zoo
dieretuin

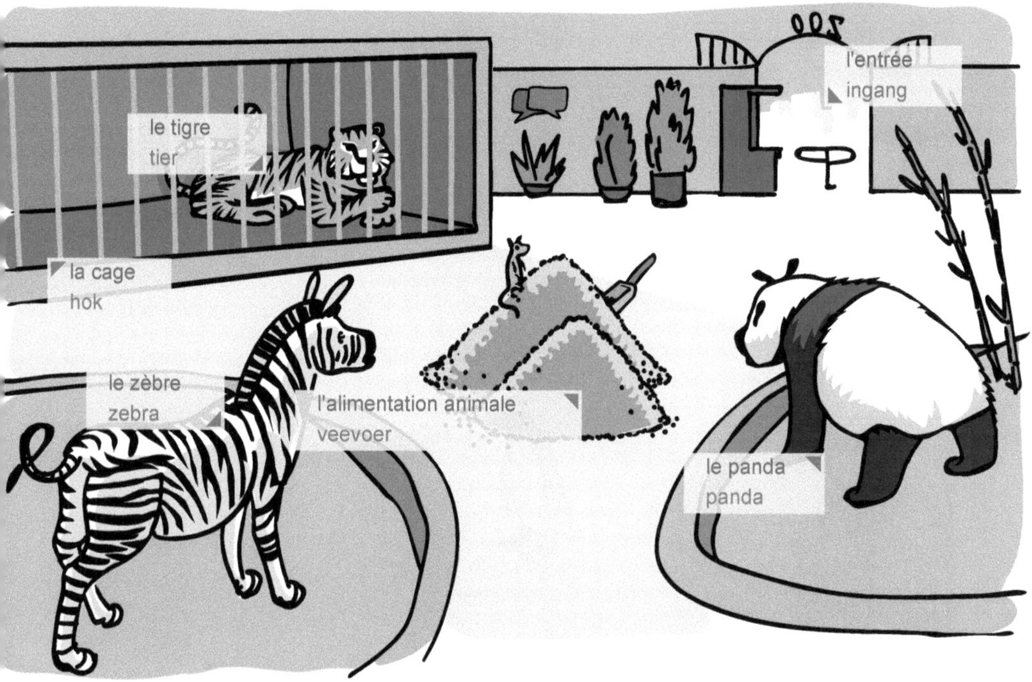
l'entrée
ingang
le tigre
tier
la cage
hok
le zèbre
zebra
l'alimentation animale
veevoer
le panda
panda

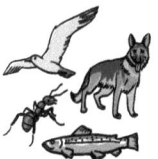

les animaux

diere

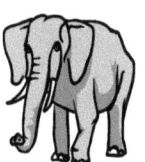

l'éléphant

olifant

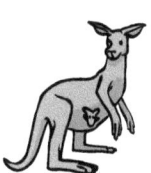

le kangourou

kangaroo

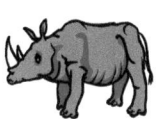

le rhinocéros

renoster

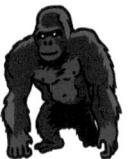

le gorille

gorilla

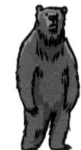

l'ours

beer

le chameau

kameel

l'autruche

volstruis

le lion

leeu

le singe

aap

le flamand rose

flamink

le perroquet

papegaai

l'ours polaire

ysbeer

le pingouin

pikkewyn

le requin

haai

le paon

pou

le serpent

slang

le crocodile

krokodil

le gardien de zoo

dieretuinopsigter

le phoque

rob

le jaguar

jaguar

le poney

ponie

le léopard

luiperd

l'hippopotame

seekoei

la girafe

kameelperd

l'aigle

arend

le sanglier

wildevark

le poisson

vis

la tortue

skilpad

le morse

walrus

le renard

jakkals

la gazelle

gemsbok

sport

l'american Football
Amerikaanse Voetbal

le cyclisme
fietsry

le tennis
tennis

le basket-ball
basketbal

la natation
swem

le hockey sur glace
ys-hokkie

la boxe
boks

le football

sokker

le badminton

pluimbal

l'athlétisme

atletiek

le handball

handbal

le ski

ski

le polo

polo

sauter
spring

embrasser
drukkie

rire
lag

marcher
loop

chanter
sing

rêver
droom

prier
bid

faire la bise
soen

écrire
skryf

dessiner
teken

montrer
show

pousser
druk

donner
gee

prendre
neem

avoir

het

faire

doen

être

wees

être debout

staan

courir

hardloop

trier

trek

jeter

gooi

tomber

val

être couché

jok

attendre

wag

porter

dra

être assis

sit

s'habiller

aantrek

dormir

slaap

se réveiller

wakker word

regarder

kyk na

pleurer

huil

caresser

streel

peigner

kam

parler

praat

comprendre

verstaan

demander

vra

écouter

luister

boire

drink

manger

eet

ranger

opruim

aimer

liefhê

cuire

kook

conduire

ry

voler

vlieg

faire de la voile
seil

calculer
bereken

lire
lees

apprendre
leer

travailler
werk

se marier
trou

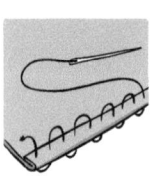

coudre
naai

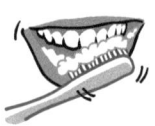

brosser les dents
tande borsel

tuer
doodmaak

fumer
rook

envoyer
stuur

la famille

familie

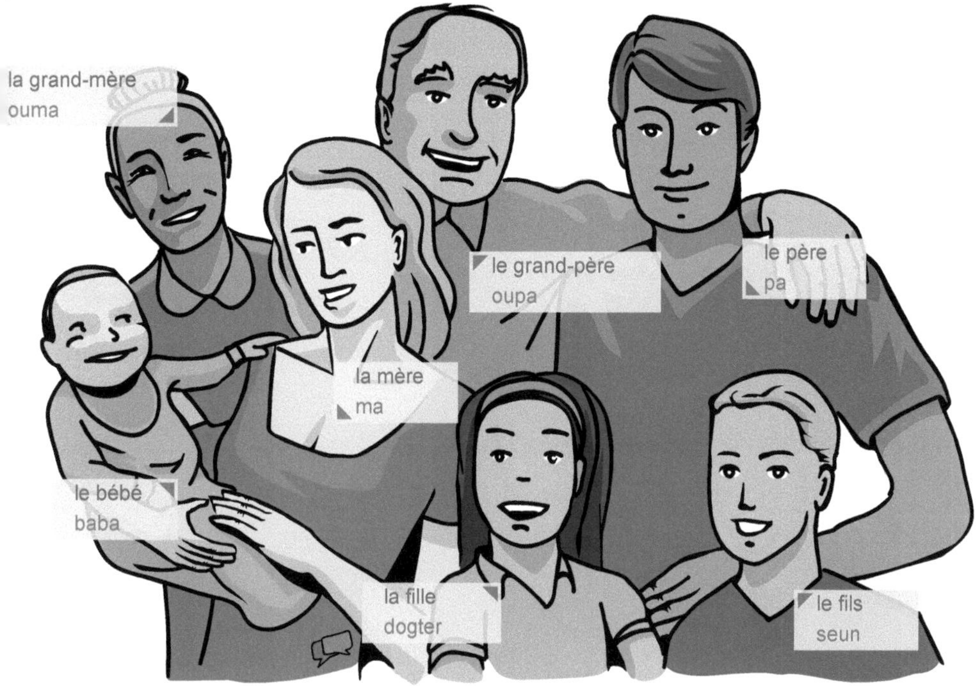

la grand-mère
ouma
le grand-père
oupa
le père
pa
la mère
ma
le bébé
baba
la fille
dogter
le fils
seun

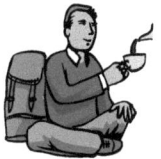

l'hôte

gas

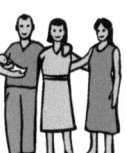

la tante

tannie

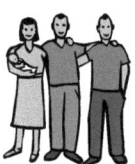

l'oncle

oom

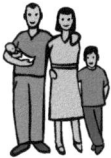

le frère

broer

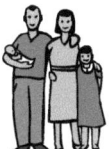

la sœur

suster

le corps
liggaam

le front
voorkop
l'œil
oog
l'épaule
skouer
le doigt
vinger
le visage
gesig
le menton
ken
la main
hand
la jambe
been
la poitrine
bors
le bras
arm

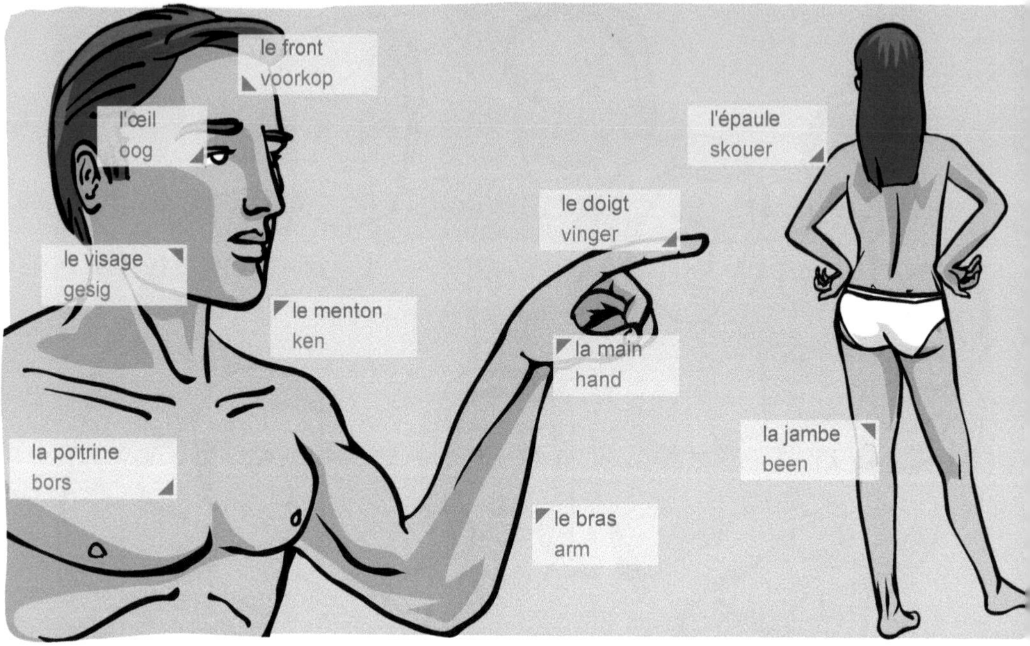

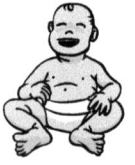

le bébé
baba

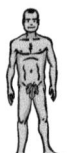

l'homme
man

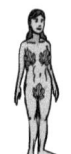

la femme
vrou

la fille
meisie

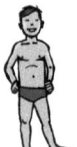

le garçon
seun

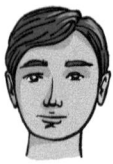

la tête
kop

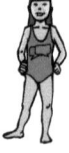

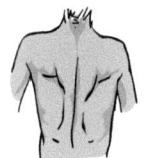

le dos
rug

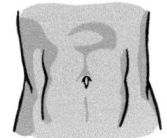

le ventre
buik

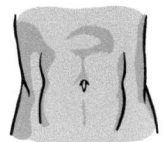

le nombril
naelstring

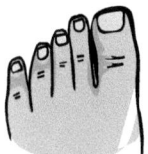

l'orteil
toon

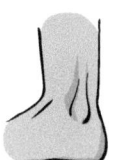

le talon
hak

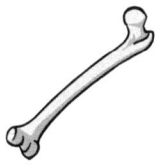

l'os
been

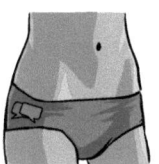

la hanche
heup

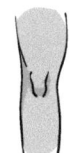

le genou
knie

le coude
elmboog

le nez
neus

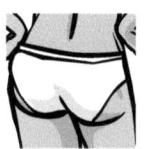

les fesses
boude

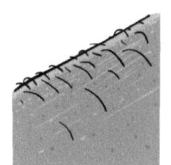

la peau
vel

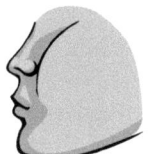

la joue
wang

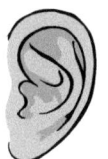

l'oreille
oor

la lèvre
lippe

le corps - liggaam

la bouche

mond

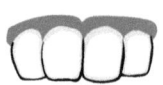

la dent

tand

la langue

tong

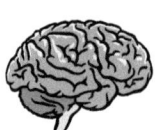

le cerveau

brein

le cœur

hart

le muscle

spiere

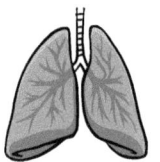

les poumons

long

le foie

lewer

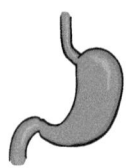

l'estomac

maag

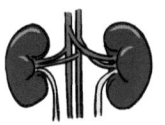

les reins

niere

le rapport sexuel

seks

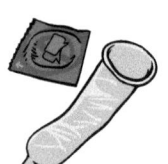

le préservatif

kondoom

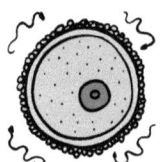

l'ovule

eierstok

le sperme

semen

la grossesse

swangerskap

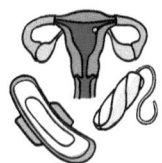

la menstruation

menstruasie

le vagin

vagina

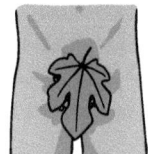

le pénis

penis

le sourcil

wenkbrou

les cheveux

hare

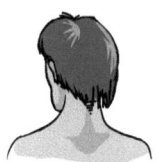

le cou

nek

l'hôpital
hospitaal

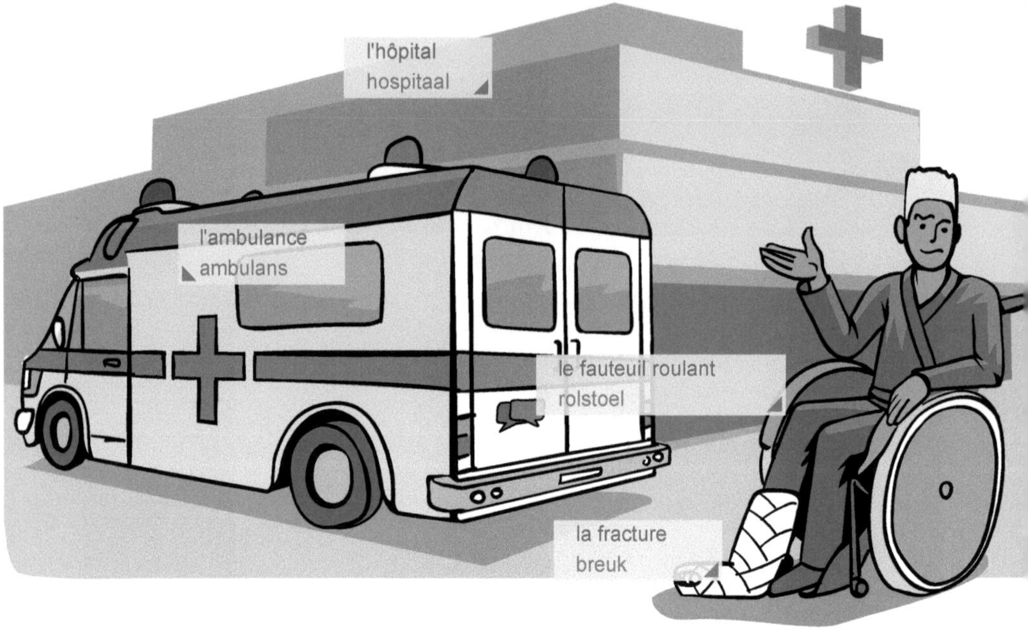

l'hôpital
hospitaal
l'ambulance
ambulans
le fauteuil roulant
rolstoel
la fracture
breuk

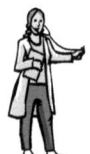

le médecin

dokter

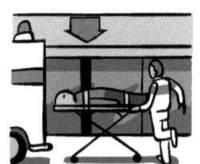

le service des urgences

ongevalle

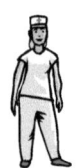

l'infirmière

verpleegster

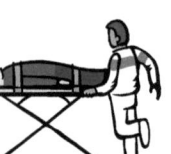

l'urgence

noodgeval

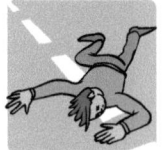

inconscient

bewusteloos

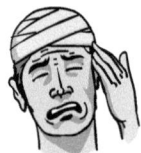

la douleur

pyn

la blessure

besering

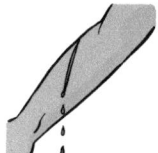

l'hémorragie

bloeding

la crise cardiaque

hartaanval

l'attaque cérébrale

beroerte

l'allergie

allergie

la toux

hoes

la fièvre

koors

la grippe

griep

la diarrhée

diarree

le mal de tête

hoofpyn

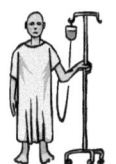

le cancer

kanker

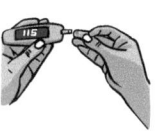

le diabète

diabetes

le chirurgien

chirurg

le scalpel

skalpel

l'opération

operasie

le CT

CT

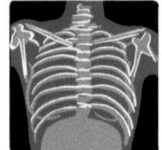

la radiographie

X-straal

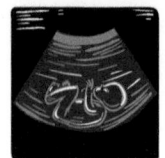

l'échographie

ultraklank

le masque

gesigmasker

la maladie

siekte

la salle d'attente

wagkamer

la béquille

kruk

le pansement

gips

le pansement

verband

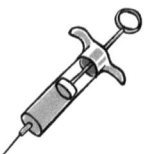

l'injection

inspuiting

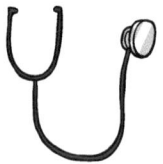

le stéthoscope

stetoskoop

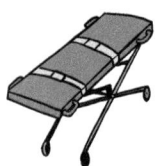

le brancard

draagbaar

le thermomètre

kliniese termometer

l'accouchement

geboorte

la surcharge pondérale

oorgewig

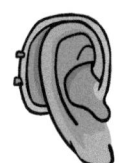

l'appareil auditif

gehoorapparaat

le désinfectant

ontsmettingsmiddel

l'infection

infeksie

le virus

virus

le VIH / le sida

MIV / vigs

le médicament

medisyne

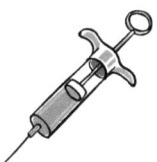

la vaccination

inenting

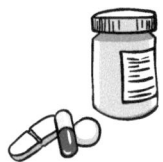

les comprimés

tablette

la pilule

pil

l'appel d'urgence

noodoproep

le tensiomètre

blooddrukmonitor

malade / sain

siek / gesond

Au secours !

Help!

l'alarme

alarm

l'assaut

aanranding

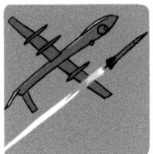

l'attaque

aanval

le danger

gevaar

la sortie de secours

nooduitgang

Au feu!

Brand!

l'extincteur

brandblusser

l'accident

ongeluk

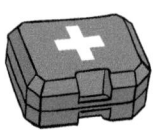

la trousse de premier
secours

noodhulpkissie

SOS

SOS

la police

polisie

l'Europe

Europa

l'Amérique du Nord

Noord-Amerika

l'Amérique du Sud

Suid-Amerika

l'Afrique

Afrika

l'Asie

Asië

l'Australie

Australië

l'Océan atlantique

Atlantiese Oseaan

l'Océan pacifique

Stille Oseaan

l'Océan indien

Indiese Oseaan

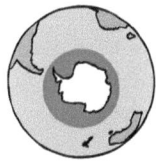

l'Océan antarctique

Antarktiese Oseaan

l'Océan arctique

Arktiese Oseaan

le Pôle nord

Noordpool

le Pôle sud
Suidpool

l'Antarctique
Antarktika

la terre
aarde

le pays
land

la mer
see

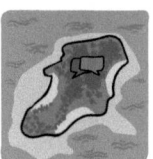

l'île
eiland

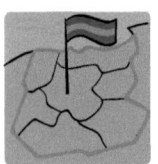

la nation
nasie

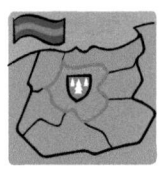

l'état
staat

le cadran

horlosie

l'aiguille des heures

uur-aanwyser

l'aiguille des minutes

minuut-aanwyser

l'aiguille des secondes

sekonde-aanwyser

Quelle heure est-il ?

Hoe laat is dit?

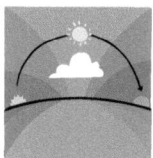

le jour

dag

le temps

tyd

maintenant

nou

la montre digitale

digitale horlosie

la minute

minuut

l'heure

uur

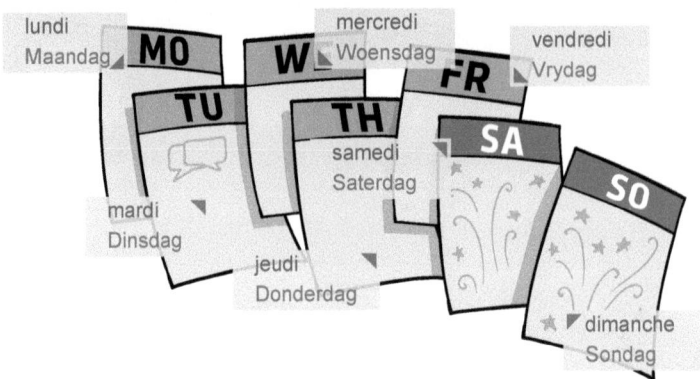

lundi
Maandag

mardi
Dinsdag

mercredi
Woensdag

jeudi
Donderdag

vendredi
Vrydag

samedi
Saterdag

dimanche
Sondag

hier

gister

aujourd'hui

vandag

demain

môre

le matin

oggend

le midi

middag

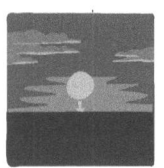

le soir

aand

MO	TU	WE	TH	FR	SA	SU
1	2	3	4	5	6	7
8	9	10	11	12	13	14
15	16	17	18	19	20	21
22	23	24	25	26	27	28
29	30	31	1	2	3	4

les jours ouvrables

werksdae

MO	TU	WE	TH	FR	SA	SU
1	2	3	4	5	6	7
8	9	10	11	12	13	14
15	16	17	18	19	20	21
22	23	24	25	26	27	28
29	30	31	1	2	3	4

le week-end

naweek

l'année
jaar

la pluie
reën
l'arc-en-ciel
reënboog
la neige
sneeu
le vent
wind
le printemps
lente
l'automne
Herfs
l'été
somer
l'hiver
winter

4.APRIL 11°
5.APRIL 4°
6.APRIL 13°
7.APRIL 8°
8.APRIL 10°

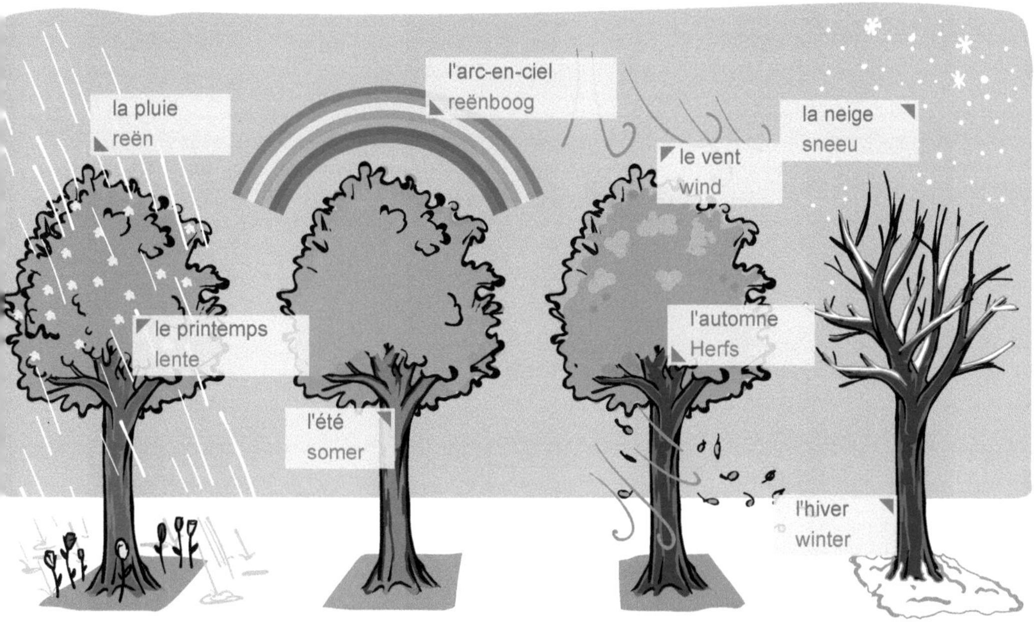

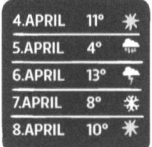

la météo
weervoorspelling

F C
120 40
90 30
60 20
30 10
0 0
-30 -10
-20

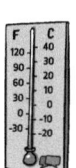

le thermomètre
termometer

la lumière du soleil
sonskyn

le nuage
wolk

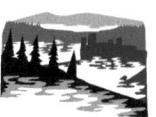

le brouillard
mis

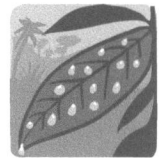

l'humidité
humiditeit

la foudre

weerlig

la tonnerre

donderweer

la tempête

storm

la grêle

hael

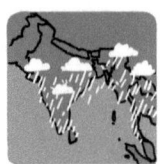

la mousson

reënseisoen

l'inondation

vloed

la glace

ys

janvier

Januarie

février

Februarie

mars

Maart

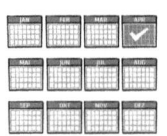

avril

April

mai

Mei

juin

Junie

juillet

Julie

août

Augustus

septembre
September

octobre
Oktober

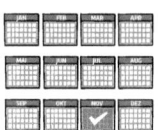

novembre
November

décembre
Desember

les formes
vorms

le cercle
sirkel

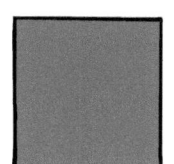

le carré
vierkant

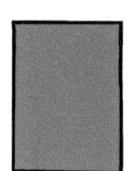

le rectangle
reghoek

le triangle
driehoek

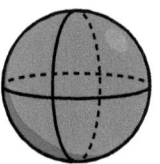

la sphère
gebied

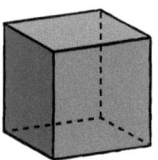

le cube
kubus

blanc

wit

jaune

geel

orange

oranje

rose

pink

rouge

rooi

violet

pers

bleu

blou

vert

groen

marron

bruin

gris

grys

noir

swart

beaucoup / peu

'n baie / 'n bietjie

fâché / calme

kwaad / kalm

joli / laid

pragtig / lelik

le début / la fin

begin / einde

grand / petit

groot / klein

clair / obscure

helder / donker

frère / soeur

broer / suster

propre / sale

skoon / vuil

complet / incomplet

volledige / onvolledige

le jour / la nuit

dag / nag

mort / vivant

dood / lewendig

large / étroit

wyd / smal

comestible / incomestible

eetbare / oneetbaar

méchant / gentil

kwaad / vriendelik

excité / ennuyé

opgewonde / verveeld

gros / mince

vet / maer

le premier / le dernier

eerste / laaste

l'ami / l'ennemi

vriend / vyand

plein / vide

vol / leeg

dur / souple

hard / sag

lourd / léger

swaar / lig

faim / soif

honger / dors

malade / sain

siek / gesond

illégal / légal

onwettige / wettige

intelligent / stupide

slim / dom

gauche / droite

links / regs

proche / loin

naby / vêr

les oppositions - teenoorgesteldes

nouveau / usé

nuut / tweedehands

rien / quelque chose

niks / iets

vieux / jeune

oud / jonk

marche / arrêt

aan / af

ouvert / fermé

oop / toe

faible / fort

stil / lawaaierig

riche / pauvre

ryk / arm

correct / incorrect

reg / verkeerd

rugueux / lisse

grof / glad

triste / heureux

hartseer / gelukkig

court / long

kort / lank

lent / rapide

stadig / vinnig

mouillé / sec

nat / droog

chaud / froid

warm / koel

la guerre / la paix

oorlog / vrede

0	**1**	**2**
zéro	un / une	deux
nul	een	twee

3	**4**	**5**
trois	quatre	cinq
drie	vier	vyf

6	**7**	**8**
six	sept	huit
ses	sewe	agt

9	**10**	**11**
neuf	dix	onze
nege	tien	elf

12
douze

twaalf

13
treize

dertien

14
quatorze

veertien

15
quinze

vyftien

16
seize

sestien

17
dix-sept

sewentien

18
dix-huit

agtien

19
dix-neuf

negentien

20
vingt

twintig

100
cent

honderd

1.000
mille

duisend

1.000.000
le million

miljoen

l'anglais

Engels

l'anglais américain

Amerikaanse Engels

le chinois mandarin

Mandaryns

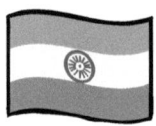

le hindi

Hindi

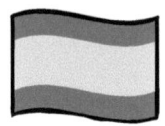

l'espagnol

Spaans

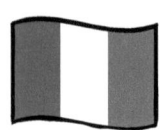

le français

Frans

l'arabe

Arabies

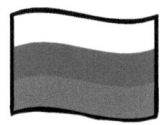

le russe

Russies

le portugais

Portugees

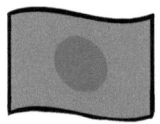

le bengali

Bengaals

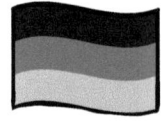

l'allemand

Duits

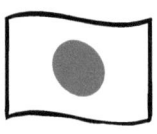

le japonais

Japanees

je

Ek

tu

jy

il / elle / ce, c', cela

hy / sy / dit

nous

ons

vous

julle

ils / elles

hulle

Qui ?

wie?

Quoi ?

wat?

Comment ?

hoe?

Où ?

waar?

Quand ?

wanneer?

le nom

naam

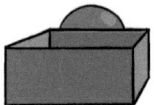

derrière
·············
agter

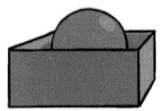

dans
·············
in

devant
·············
voor

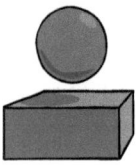

au-dessus
·············
oor

sur
·············
bo-op

en-dessous
·············
onder

à côté de
·············
langs

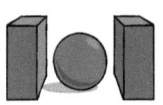

entre
·············
tussen

le lieu
·············
plek